RELATION

EXACTE ET VÉRITABLE

DE TOUT CE QUI VIENT DE SE PASSER

A ROME,

Et découverte d'un grand ouvrage
mis à l'INDEX de Rome, par le
Pape et les Inquisiteurs;

CONTENANT

Les noms et les portraits, d'après nature,
des Prêtres, Nobles et Agioteurs de
France et d'Europe.

A ROME,

ET SE TROUVE A PARIS,

Chez le citoyen TISSET, rue de la Sonnerie,
n°. 2, près le Châtelet.
Et chez tous les Marchands de Nouveautés.

AN VI. — 1798.

RELATION

DE CE QUI VIENT DE SE PASSER

A ROME.

LA toute-puissante République française et l'Europe entière sont dans l'attente de ce que va devenir Rome, après les attentats épouvantables et lâches commis par le Pape et le Sacré-collége, contre l'Ambassadeur de la grande Nation.

Voici les premières mesures prises à ce sujet :

Le brave *Berthier*, le digne compagnon d'armes de *Buonaparte*, est entré dans Rome à la tête d'une triple colonne de Français, de Cisalpins et de Polonais ; de bons patriotes Venetes ont voulu prendre part aussi à la croisade contre le Saint-Siége apostolique.

En vain la cour de Naples, pour conjurer l'orage, a offert sa médiation ; on lui a signifié de rester tranquille et simple spectatrice ; on sait que penser d'elle : on n'ignore pas l'accord secret passé entre le *Vatican* et *Naples*, par lequel le Peuple de Rome serait vendu comme un vil troupeau au roi napolitain, ou plutôt à la reine sa femme (car à Naples le sceptre est une quenouille), pour en être tondu jusqu'au sang.

Le brave *Berthier* marche donc droit à son but aux acclamations des vrais citoyens romains, et principalement des *Transtévérins*; ce sont les habitans d'un faubourg de Rome, qui ont toute l'énergie du faubourg Antoine de Paris, et qui se vantent de descendre en droite ligne de la famille des deux *Brutus*.

La vieille pagode aux trois bourlets (c'est ainsi qu'ils appellent à présent le Saint-Père), était toujours malade : on le serait à moins. Et si le vieux *Braschi* avait tant soit peu d'âme, il serait déjà, depuis long-tems, mort de honte sur la chaire de Saint Pierre. Mais de l'âme à un prêtre ! c'est comme de l'honneur à la nièce d'un cardinal.

A la première nouvelle de l'arrivée du brave *Berthier*, le Pape eut si peur que sa couche en fut toute souillée : il fallut changer de draps.

Braschi aurait bien voulu avoir la force

et le tems de s'esquiver à Naples ou à Malte ; mais néant ! les chemins ne sont plus sûrs pour sa personne.

Son neveu, plus ingambe, est déjà loin. L'évêque *Maury*, qui sent la poudre à canon d'une lieue, n'habite plus Rome depuis plusieurs mois. Tapi dans un coin, il verse des larmes amères au souvenir de ses huit cents fermes qui lui tiennent toujours au cœur.

Les deux sempiternelles de tantes de Louis XVI, sont allées se faire dire, dans le Piémont, les prières des agonisantes, ainsi que le *miserere*, en attendant le *de profundis*.

Le cardinal *Pamphili-Doria*, gouverneur de la ville de Rome, ce moderne Judas-Iscariote, qui embrassait notre ambassadeur un moment après avoir donné l'ordre de l'assassiner, osa bien demander au brave *Berthier* la grace de se présenter à lui pour lui offrir et donner toute satisfaction. Le général français lui fit dire d'attendre les commandemens du grand peuple, et en même-tems de lui livrer toutes les clefs de l'intérieur des principaux établissemens de la capitale du Monde jadis catholique : ce qui fut exécuté ponctuellement. Quand le renard sanguinaire est pris au traquenard, il devient plus souple, plus rempant qu'un ver de terre.

On s'assurera en même-tems de tous les anglais qui se trouvent dans Rome sous divers prétextes, et qui, sans doute, n'étaient pas plus étrangers à cette Vendée italienne qu'à celle de France.

On n'oubliera pas de donner la liberté à cette sainte fille *Labrousse*, qui, à Paris, prophétisa le châtiment de *Capet*, et qui, enfermée au château Saint-Ange, à Rome, ne craignit pas de publier que Pie VIe du nom serait le dernier sur la liste papale. Quant à cette dernière prédiction, il ne fallait pas être sorcière pour l'imaginer.

Nos braves frères d'armes, en entrant dans l'église de Saint-Pierre de Rome, y firent une remarque singulière.

L'architecte de cette superbe église pratiqua, dans le pourtour du dôme, un certain nombre de niches pour y placer successivement les portraits de tous les *Papes*, depuis Saint Pierre le bon apôtre. Or, il ne reste plus qu'une niche à remplir, et que devait occuper à son trépas le pontife déloyal qui vit encore. Il semble qu'on ait prévu qu'après lui, on tirerait l'échelle.

Le général *Berthier* fit mettre aux arrêts tous les cardinaux qui n'avaient pu sortir de Rome assez vîte, et qui, semblables au cardinal de Lorraine, la veille de la Saint-Barthélemy, debout sur le balcon de leurs palais, bénissaient les dagues, les stylets, les petits couteaux, les poignards, et autres instrumens homicides italiens des sicaires payés par le sacré gouvernement pour massacrer le jeune *Duphot*, et l'ambassadeur *Buonaparte* lui-même, s'ils avaient pu l'atteindre dans leur rage fanatique.

Les soldats du *Pape*, leurs complices, furent décimés le lendemain de l'entrée du général français.

Le chevalier *Azara*, ambassadeur d'Espagne, celui de Suède, celui de Prusse, et quantité d'autres étrangers de marque se réunirent à l'état-major pour dénoncer, à un conseil de guerre, tous les détails de l'attentat qui fut une répétition de celui de *Basseville*. Les circonstances en font frémir. Il n'y a rien sous le ciel de plus affreux que la vengeance sacerdotale. Un poteau infamant sera dressé à côté de la porte du palais *Corsini*, où résidait l'ambassadeur de France.

A 4

Pendant que l'on prenait toutes les déter-
minations convenables, des patriotes français,
hommes de lettres, étaient autorisés à faire
main basse sur tous les papiers du sacré
Collége, et autres pièces justificatives du grand
procès criminel que vont subir le *Pape*, les
cardinaux, et leurs infâmes agens.

Ils auraient bien voulu soustraire leur vaste
correspondance, dont les ramifications s'é-
tendent à tous les points de l'Europe ; mais
nous avions l'œil sur les mains italiennes ; peu
de liasses échappèrent.

Nos patriotes avaient commission en même-
tems de fouiller dans l'*Index de Rome.*

C'est un grand registre où le Pape, d'après
l'avis des saints Inquisiteurs, condamnait les
livres pleins de vérités à ne jamais voir le
jour.

Cet *Index* se trouve dans une grande
chambre du *Vatican*, appelée l'*Enfer*, parce
que c'est-là qu'on encombrait tous les bons
livres qui ont annoncé et qui propagent la
grande révolution. Plusieurs de ces ouvrages
avaient été saisis avant leur émission dans le
commerce.

Nos Correspondans à Rome obtinrent de

prendre communication de ceux - ci. Ils en ont transcrit quelques-uns des plus courts, à la hâte, afin de nous en faire jouir plus tôt.

De ce nombre se trouvent être les trois petits *Traités d'Histoire naturelle* que nous publions ci-après.

LISTE des principaux ouvrages modernes mis à l'Index de Rome, par le Pape et les Inquisiteurs.

HISTOIRE de la vieille pagode aux trois bourlets.

Crimes des Papes.

Correspondance entre Pie VI et Pitt.

Nouveau despotisme papal.

Correctif à la gloire de Buonaparte, imprimé à Venise.

N. B. Entr'autres reproches hasardés contre ce héros, on lui fait celui de n'avoir pas daigné s'occuper un moment de la conquête de Rome.

Origine des Cultes, par Dupuis, citoyen français, ex-deputé.

Confession générale et pénitence des deux tantes de Louis XVI.

Le *Meâ culpâ* de l'abbé Maury.

Culte et Loix d'une société d'hommes sans Dieu ; *leur* divinité est la Patrie.

Les petites intrigues de feu le cardinal Bernis.

Dieu et les Prêtres , ...

Fragmens d'un poëme français.

Rome et Londres réconciliées.

Le Brouillon, ou portrait au vif de l'abbé Grégoire.

De la Magie des mots, etc.

NOMS des principaux personnages qui figurent dans les évènemens de Rome, des 27 et 28 Décembre 1797 (vieux style), 8 Nivôse An sixième.

Le Pape BRASCHI.
Le cardinal son neveu.
Le cardinal DORIA.
BARBERI.
SPANZIANI.
GALEPPI.
GONZALVI. Ce Monsignor donna l'ordre de tirer sur les français.
La Maison ALBANI.
Le cardinal et le nonce de ce nom.
Le cardinal BUSCA.
Le général autrichien PRO-VERA.
JOURDAN, le député fran-çais
L'abbé BETHRAMI, l'un des assassins de *Basse-ville*, et l'un des meneurs pour le meurtre de *Du-phot*.

Le caporal PALLINI, de-puis le coup de baïonnette qu'il donna à *Duphot*, est promu au grade de ser-gent : il reste chez lui, paisiblement, à Rome, rue *Babonino*.
GALEPPI, brigand soldé par le neveu du Pape, à présent à Naples auprès de son maître.
Un perruquier dont on ignore le nom, frappa mortelle-ment d'un coup de stilet le général *Duphot*.
Le capitaine OMÉDAÏ.
MARMULLI, autre caporal.
MONTI, membre du Grand-conseil de la république Cisalpine, et auteur d'un poëme apologétique de l'assassinat de *Basseville*.

Fin de la présente liste.

ESSAI

D'UNE HISTOIRE NATURELLE

DU NOBLE.

NOBLE:

Animal bipède et domestique, de la famille du paon, pour certaines habitudes.

Quoique le *Noble* ne soit pas un animal à plumes, il en porte assez souvent sur la tête. Le sabot de ses pieds est rouge. Sa femelle traîne une longue queue postiche.

Le *Noble* a des ailes de parchemin qui ont beaucoup d'envergure, presqu'autant que celles de l'aigle; il est loin de posséder les belles qualités de ce puissant volatile, qu'il aime pourtant à singer; mais il vole trop pesamment pour oser prendre l'essor.

Le *Noble* est lâche et mou, orgueilleux et fainéant; quand on l'irrite, et il faut peu de chose pour cela, il se montre sanguinaire, s'il se trouve être le plus fort. A-t-il le dessous, il rampe comme une chenille, ou se cache dans un trou comme la chouette.

Le *Noble* fait bande à part, et affecte beaucoup de mépris pour les autres animaux, spécialement pour ceux qui valent mieux que lui, et qui lui ont rendu de signalés services.

Quand les *Nobles* vont en troupe, ils placent à leur tête un des leurs, et lui portent une déférence servile et basse; ils lui font cent courbettes par jour.

Le *Noble* appartenait jadis à l'espèce humaine; il s'en est séparé, et, par suite de tems, il s'est tellement abâtardi, qu'il n'a aujourd'hui presque rien d'humain que la figure.

La femelle du *Noble*, de délicate complexion, est effrontée et minaudière, exigeante et pleine de caprices. Elle ne met bas qu'un seul petit à-la-fois, et ne multiplie pas beaucoup. Elle mange peu; mais qu'on lui présente un morceau de chair fraîche, elle le dévore et fait ruisseler le sang sur sa bouche avec une joie féroce, comme on a pu s'en convaincre dans la Vendée.

Cela vient de ce que le *Noble* des deux sexes a pris en grippe la pauvre espèce humaine, sur-tout depuis que celle-ci, vexée de toutes les manières, s'est fâchée tout de bon contre ces animaux en France.

A Paris, il y a quatorze ou quinze ans, on vit pendre (1) un cheval en présence de plusieurs autres contre lesquels il avait rué ; on espérait, par cet exemple, rétablir le bon ordre dans le haras.

Le Peuple Français répéta l'expérience LE 21 JANVIER 1793. Il fit justice du chef des *Animaux-nobles*, pour s'être regimbé contre la nation qui l'engraissait dans une superbe écurie. L'exemple fut perdu, et ne profita point. Les autres *Nobles*, loin de se corriger, se cabrèrent de nouveau ; et, à l'instar des chevaux de *Diomède*, voulurent se nourrir de chair humaine. Beaucoup d'entre eux sortirent de France pour y rentrer en force ; bientôt après ils ameutèrent, dans cette intention perverse, les autres castes de la même espèce qui pèsent sur l'Europe.

Dans une certaine île de la mer *Egée*, les habitans se virent obligés de se défendre contre des milliers de souris qui épuisaient les héritages.

Le *Noble* s'était emparé chez nous des

meilleures terres; et, d'intelligence avec l'Animal-prêtre, ils prétendaient vivre éternellement sans rien faire, et à la charge de ceux qui portaient tout le poids du jour.

La République Française serait devenue toute semblable au fromage de *Hollande* du bon *La Fontaine :* Nobles et prêtres y eussent vécu grassement, et n'auraient laissé aux patriotes qu'une croûte sèche.

Les Arabes ont grand soin, dans chaque écurie, de marquer la généalogie de leurs coursiers. Les *Nobles* observent pareil usage entr'eux; et quand ils peuvent dater d'un peu haut, rien n'égale leur insolence.

Le son du cor donne un tremblement aux jambes du cerf; il frémit et prend sa course. Il en va de même du *Noble ;* quand le cri de ralliement des citoyens (*liberté*, *égalité*) frappe ses longues oreilles, il les dresse un moment comme le lapin timide, et se tapi sous des broussailles.

Les quadrupèdes à cornes deviennent furieux à la vue d'un morceau d'écarlate. Le bipède *Noble* éprouve un accès de rage, à la rencontre d'un drapeau *tricolor ;* il lui prend un vertige; sa femelle tombe en syncope.

Autrefois sur les grandes routes de France, malheur aux paisibles rouliers qui se trouvaient dans le chemin de l'*Animal-noble*, s'ils ne se rangeaient pas respectueusement pour le laisser passer !

Du tems de *Cambyse*, on vit, à Peluze, l'armée Egyptienne mettre à sa tête ses animaux sacrés. Nous faisions semblablement en France ; lors de l'invasion d'un ennemi, nous nous empressions de marcher sous la conduite des animaux *Prêtres* et *Nobles* ; et nous nous faisions hacher en pièces pour les défendre.

Qu'arrivait-il ? La nation perdait tout le sang de ses braves, pour conserver celui de ses bêtes déifiées : pour salaire, elle en était foulée, écrasée, au retour de la campagne.

Il y a deux ou trois mille ans, sur les rives du Nil, les jeunes mariées, avant de prendre possession du lit conjugal, ne manquaient pas d'aller offrir les prémices de l'hyménée au bouc *Mendès* dans son temple.

Il n'y a pas encore bien long-tems qu'en France, le *Noble* lubrique avait aussi son *droit de cuissage* dans la couche des nouveaux époux qui relevaient de lui de père en fils. Il est vrai que les muletiers prenaient leur revanche auprès de la femelle du *Noble*, fort lascive et très-friande des embrassemens du villageois robuste.

On reproche aux Juifs d'avoir brûlé de l'encens à un veau d'or ; aux Egyptiens, d'avoir rendu un culte à quantité d'autres animaux.

Le peuple de France n'en cédait guères aux anciens en fait de superstition. Pendant des siècles, n'a-t-on pas vu dans nos églises l'*Animal-prêtre* jouer de l'encensoir au nez de l'*Animal-noble* ; et les dévots assistans, tête nue, adresser à Dieu des actions de graces de ce qu'il avait envoyé, dans sa colère, ces deux espèces dévorantes ?

Nous ferons remarquer, en finissant, que les animaux *Prêtres* et *Nobles* ont toujours fraternisé ensemble :

ASINUS ASINUM FRICAT.

HISTOIRE NATURELLE
DU PRÊTRE.

PRÊTRE : en latin *Presbyter*, ou *Sacerdos*,

ANIMAL domestique, provenant du limon de la société civile : il porte pour principal caractère, en Europe, les crins de la tête courts et coupés en rond. Il se distingue en outre des autres animaux par une tonsure pratiquée à l'occiput avec le rasoir. Il a de longues oreilles qu'il dissimule avec soin ; mais cela perce.

Ce quadrupède marche sur deux pieds ainsi que l'homme ; on le voit souvent fléchir le genou : il est souple du jarret.

Le grand jour l'importune, et lui fait clignoter les yeux ; qu'il a un peu louches et en dessous : il préfère aux rayons du soleil la flâme des bougies ou des lampes ; aussi consomme-t'il beaucoup de cire et d'huile. Il mange à lui seul presque tout le miel de la ruche.

B

L'Animal-prêtre tient de la nature du chat et du perroquet : il a l'égoïsme du premier, les mœurs lascives du second.

On le rencontre dans les quatre parties du monde, sous tous les climats. Cet animal se trouve bien par tout, à la ville, aux champs, principalement où il y a du peuple.

Le peuple donne beaucoup d'attention aux tours de gobelets et de gibecière que *l'Animal-prêtre* exécute chaque matin, en répétant certains cris monotones et désagréables.

Jadis, en France, les grands seigneurs entretenaient dans leurs hôtels un animal de cette espèce qu'ils appelaient leur *Aumônier* ou leur *Chapelain*, et même quelquefois ils le faisaient passer de l'office à la table du maître.

Le Prêtre est fort carressant ; mais ce n'est point un animal sûr (2). Semblable aux singes de la grande espèce, le *Prêtre* convoite la femelle de l'homme. Les maris assez imprudens pour laisser chez eux leur femme en présence de *l'Animal-prêtre*, voient bien de vilaines choses à leur retour. Force leur est de recourir au bâton, comme il arrivait souvent à l'égard de l'un de ces quadrupèdes, qui causa tant de scandale, sous le nom de l'abbé *Maury*.

Cependant trop long-tems en France, les femmes ont eu du faible pour l'*Animal-prétre* : elles le choyaient, le carressaient, le sucraient, et même (ce qui paraîtra un jour incroyable), se laissaient fouetter par lui avec une résignation qui tenait de l'enchantement. Tout le monde se rappelle la pieuse aventure du père *Gérard* avec la belle *Cadiere* (3).

Le Prêtre est pourtant de son naturel un animal vicieux. Il se montre toujours irrascible et vindicatif. Tout en vous flattant de la queue, il vous montre les dents ; mais quand il veut, il est on ne peut plus aimable. Il a les plus jolies habitudes ; il aime les friandises, et se tient beaucoup plus propre que le *moine* gourmand, autre quadrupède tondu, qui devient rare en Europe, variété de l'espèce que nous décrivons ici. Voyez-en l'histoire naturelle fort bien faite et publiée à Paris, en français, l'an 1790, *in-8°.* avec figures ; il n'y en a plus en France.

Revenons au Prêtre. Cet animal, à certains jours et à certaines heures du jour, se pavane sous des lambeaux de soie, d'or et d'argent, qu'il mandie à ceux qui le nourrissent, et dont il se chamare avec un air d'importance tout-à-fait risible.   B 2

Autrefois, dans la belle saison, au milieu des carrefours de Paris, ces animaux en troupe marchaient gravement sur deux lignes et remplissaient l'air de leur cacophonie. La multitude, sur leur route, jetait des rameaux de verdure, des bouquets de fleurs, et même leur présentait les prémices des fruits et la dîme des récoltes. L'*Animal-prêtre* prenait tout ce qu'on lui donnait, et s'en repaissait à l'écart.

De tous nos animaux domestiques, le Prêtre est sans contredit le plus malin et le plus dangereux. On n'en tire guère plus de service que du perroquet et du paon; paresseux-né, il hait le travail, et pourtant, il a trouvé le secret de se rendre nécessaire à bien des gens : la multitude ne peut s'en passer (4). Tous les sept jours au moins elle se rassemble, sans y manquer, autour des *Animaux-prêtres*, pour assister à leurs exercices, et pour mêler sa voix à leurs cris mesurés auxquels elle ne comprend rien. N'importe! elle regagne ses foyers aussi satisfaite que la nation d'Égypte au retour de la fête du bœuf Apis.

On s'est fait une telle habitude, un tel besoin des *Animaux-prêtres* qu'on va les chercher pour enterrer les morts , et pour présider aux naissances et aux mariages. Les actes les plus importans de la vie civile seraient comme frappés de nullité , s'ils avaient lieu en l'absence de l'*Animal-prêtre.*

Celui-ci, plus rusé que le renard, ne manque pas de s'en prévaloir. Il faut le voir avec sa mine hipocrite comme il conduit son jeu et met en œuvre, à son profit, le fol engouement du vulgaire. C'est au point que les magistrats semblent le craindre , et croient d'une bonne politique de le ménager.

Cette engeance mal-faisante, qui pullule sur toute la terre sans le secours de la génération , sera difficile à détruire- Il faudra long-tems encore se résoudre à vivre avec elle, comme avec les *rats* et les *souris*, les *fouines* et les *taupes* qui désolent nos logis et dévastent nos campagnes.

On observera que cette espèce animale est plus à charge encore dans les empires républicains que dans les monarchiques; son entretien a toujours coûté beaucoup. En Égypte elle absorbait le tiers du revenu de l'État, au dire d'*Hérodote* et de *Diodore*. Quoique toutes les nations aient été prodigues envers elle, cela ne l'empêche pas d'être plagiaire et de vivre d'emprunt.

On pourrait comparer les *Animaux-prêtres* aux frelons d'une ruche, d'autant mieux qu'ils reconnaissent un chef suprême à l'instar des abeilles.

L'*Animal-prêtre* est plus adroit que le castor : ce dernier se bâtit péniblement de petites habitations sur la rive des fleuves. Le *Prêtre*, sans se donner de peine, se fait loger commodément dans de vastes palais que les peuples s'épuisent et se ruinent à lui construire ; il les paye en gambades.

Nous avons avancé que l'animal qu'on nomme *Prêtre* avait beaucoup de rapport avec le chat ; en effet, tous deux sont également tartuffes, et réfléchis. Malheur à l'oiseau qui vole en liberté dans leur voisinage !

Les rois, en France, se servaient de *gerfauts* pour atteindre le gibier, et de *Prêtres* pour contenir leurs sujets. Les moutons sont abandonnés à la surveillance des *chiens*, et les enfans du peuple à celle des *Prêtres* ; mais il s'en faut de beaucoup que les Animaux-prêtres s'acquittent de leur emploi aussi légalement que les chiens de berger du leur.

Il arrive de-là que nos moutons sont bien mieux élevés que nos enfans.

Les Animaux-prêtres que nos bons aïeux appelaient *Druides*, égorgeaient eux-mêmes ou jetaient aux flâmes ceux de la nation qui leur déplaisaient, et la nation ensorcelée trouvait que mourir victime des Prêtres était honorable et utile à la chose publique. Ainsi les mères de famille, dans un département de l'Égypte, se glorifiaient d'avoir eu un enfant dévoré par les crocodiles. (Voyez Juvénal.)

Les *Animaux-prêtres* se ressouviennent toujours qu'ils étaient jadis *antropophages*, et ils regrettent ce bon tems. L'ancien peuple du *Nil* fut souvent en guerre civile pour ses oignons et ses animaux-dieux. Les nations modernes donnent dans le même travers. Au sein même de la France, n'avons-nous pas été à la veille de nous entr'égorger pour le traitement de nos *Animaux-prêtres*. Et ceux-ci, alléchés déjà par l'odeur du sang, jetaient des cris de joie féroces.

Heureuses les contrées où il ne s'en trouve pas ! Mais hélas ! les voyageurs en ont rencontrés presque dans toutes les régions découvertes jusqu'à ce jour.

L'Animal-prêtre était la bête noire de J. J. ROUSSEAU, VOLTAIRE, BUFFON, TURGOT, FRANKLIN, DIDEROT, OLBACH, etc. Presque tous les grands hommes et les hommes sages ont porté les marques de sa dent venimeuses. On ne saurait le veiller de trop près, et se défier sur-tout du *Caméléon-prêtre :* cette espèce est la plus redoutable ; sa langue est perfide, c'est-là son arme favorite, elle lui sert à faire des miracles. Si on la lui coupait, il ne serait plus à craindre : peut-être suffirait-il de lui passer un bâillon dans la bouche,

HISTOIRE NATURELLE

DE L'AGIOTEUR.

A G I O T E U R :

Gros vilain animal domestique, à poil et à plume, marchant sur deux pieds ainsi que l'homme.

Ses deux extrémités supérieures sont garnies de doigts crochus et de petits mamelons, servant d'éponges, pour aspirer le sang le plus pur des malheureux que le besoin pousse vers cette bête vorace et sans pitié.

On pourrait classer l'*Agioteur* dans la famille des *cantharides*, ou dans celle des *sangsues*.

L'autruche, comme on sait, digère l'acier et les cailloux ; l'estomach de l'*Agioteur* en fait autant de l'or et de l'argent, c'est sa pâture quotidienne. Par une singularité remar-

quable, il fut un tems ou l'*Agioteur* ne vivait
que de papier, et il n'en était pas plus maigre.
" Aujourd'hui il réalise la fable de Midas ;
tout ce qui touche l'*Agioteur*, qui a les oreilles
pour le moins aussi longues que celles du roi
de Phrigie, se convertit en or à son profit ;
cet or est mouillé de larmes et de sang,
n'importe ! l'Agioteur n'en est que plus âpre
à s'en procurer.

Depuis plusieurs années, cette engeance
maudite qui affame les contrées où elle passe,
réside plus habituellement à Paris qu'ailleurs :
elle y commet ses ravages avec une facilité
et une impudence qui n'a point d'exemple,
et consomme ses rapines usuraires avec un
scandale dont on n'avait pas d'idée jusqu'à
ce jour (5).

Les Sénateurs de la République française
viennent de rendre une bonne loi contre les
loups enragés qui désolent les communes des
campagnes ; ils n'ont pu encore atteindre
efficacement l'*Agioteur* dans ses nombreux
repaires ; et pourtant, si l'on ne parvient à
le museler, il finira par envahir tout le sol,
ou s'approprier toutes les richesses de la République.

L'*Agioteur* ressemble beaucoup, quant à l'allure et aux mœurs, à ces insectes *stercoraires*, ainsi appelés parce qu'ils se nourrissent d'excrémens. L'*Agioteur* spécule de même sur les vices les plus honteux de la société. Il exploite pour son propre compte les passions les plus corrompues.

L'*Agioteur* est aussi familier et plus perfide que nos chats et le singe : quand il s'agit d'amasser et de remplir ses magasins, plus avide que la fourmi, il ne sait pas comme elle jouir en paix et avec modestie des trésors qu'il accumule, *per fas et nefas*, et dont il ignore le bon usage.

Il gaspille et salit tout ce qu'il touche ; maladroit et sans grâce comme sans vergogne, cet animal immonde a les goûts du pourceau, et ne se fait point honneur de ses rapines.

Le lion, disent les Naturalistes, est généreux, et partage noblement le butin sanglant qu'il possède dans sa tannière ; l'*Agioteur*, au contraire, se repait gloutonnément de toutes ses rapines, à mesure qu'il se les procure sans choix.

Sa femelle, qu'il aime à promener avec lui

et à donner en spectacle, couverte d'or et de diamans, n'est pas non plus à beaucoup près aussi bonne ménagère que la fourmi ; elle dissipe tout ce que lui donne son mâle, qu'elle méprise et qu'elle trompe tout en le caressant (6).

La femelle de l'*Agioteur* mange, comme lui, de la chair humaine toute crue.

On vient de replanter en France tous les arbres de la liberté que les malveillans avaient fait ou laissé périr. Eh bien ! les nouveaux ne subsisteront pas plus long-tems que les anciens ; ils ne fleuriront pas, et ne rapporteront aucun fruit, si l'on ne se met à la piste de l'*Agioteur*. C'est une taupe qui dégrade les meilleurs sols, et fait avorter les plants les plus vigoureux et les plus belles semences. Il serait à propos de visiter, sans l'en prévenir, les terriers qu'il se creuse aux dépens de tout ce qui l'entoure.

Les chiens, dans nos carrefours, quand ils entendent crier l'un des leurs, blessé ou battu, poussent des gémissemens et partagent sa douleur.

L'*Agioteur* est loin d'avoir un aussi bon

naturel ; un instinct d'égoïsme exclusif fait qu'il rapporte tout à sa seule personne. Il se régalerait de la chair de ses propres compagnons, si on lui en servait à table ; tout lui est bon.

L'*Agioteur* est un grand fléau au sein d'une République naissante. Pour se délivrer de cette horde d'antropophages civils, il n'y a pas de moyen plus expéditif, que des battues bien concertées ; car il est malin, et a beaucoup d'odorat.

C'est sur-tout aux armées, dans la partie des fournitures, que l'*Agioteur* fait ses coups les meilleurs ; il cause plus de mal que les soldats ennemis ; il ronge jusqu'aux habits et aux alimens de première nécessité, appartenant aux défenseurs de la patrie. Ceux-ci tombent de besoin à côté de leurs armes invincibles, tandis que l'*Agioteur* s'engraisse de la maigreur des infortunés qu'il dépouille.

Cet animal destructeur était connu des Anciens. Il pullulait chez la Nation hébreuse ; et les Juifs d'aujourd'hui en font encore quantité d'élèves.

Les Egyptiens prirent à cet égard un parti

décisif que nous pourrions essayer. Ce que les saintes écritures appellent les *sauterelles d'Egypte* qui s'abattaient sur les campagnes et dévoraient en un seul jour la récolte de toute une année, c'étaient les animaux *Agioteurs*.

Le gouvernement du Nil les déporta tous une bonne fois, et dut son salut à cette mesure toute simple. Ils allèrent se manger les uns, les autres, dans les déserts de Sinaï.

L'*Agioteur* a causé chez nous beaucoup de tort au commerce ; il lui a fait une plaie honteuse difficile à guérir. Cette vermine tenace neutralise les opérations les plus certaines et les plus loyales ; elle a ruiné les plus fortes maisons ; c'est une peste publique et une calamité nationale.

Malheur aux enfans de famille qui, comme des étourneaux, vont donner dans la gueule béante de l'*Agioteur*.

On est parvenu à faire apprende l'arithmétique aux jeunes chevaux ; à la vue d'une carte ou d'un chiffre, ils marquent, avec le sabot de leur pied, le nombre écrit sous leurs yeux. L'*Animal-agioteur* en sait bien plus long, il calcule mois par mois, jour par jour, heure par heure, ce que doit lui produire l'or qu'il prête, l'argent qu'il place. Le livre de Barême a suffi pour lui apprendre à ruiner les familles et pour trouver le secret d'absorber le nantissement et le capital par les intérêts. Mais aussi, hors de cette sphère étroire, l'*Agioteur* est une brute.

NOTES DE L'ÉDITEUR.

(1) Bacqueville, l'inventeur des aîles méchaniques.

(2) Un auteur jovial a dit qu'il fallait se méfier de trois choses dans la vie, du devant d'une femme, du derrière d'une mule, et d'un prêtre tout alentour.

(3) Nous en appelons à toutes les personnes sincères de l'un comme de l'autre sexe, si les premières connaissances de la luxure et de la lubricité ne leurs ont pas été données par les Animaux-prêtres, dans leurs questions sur ce qu'ils appelaient confession.

(4) Témoin madame de J. C..... ourt, rue Vivienne, laquelle hébergeait et logeait, avant le 18 Fructidor, l'évêque de Saint-Papoul, connu par le grand nombre d'église qu'il a bénite en la commune de Paris.

(5) L'on peut voir la preuve dans la conduite actuelle du nommé C.....l, demeurant rue de Cléry, garçon épicier en 17.2, actuellement a voitures et chevaux de

plus brillans à ses ordres, pour, les soirs, le venir chercher au Cercle de l'harmonie, où il danse et joue le passe-dix tout comme un autre.

Et J........u, rue Guénégaut, ayant voiture actuellement, coëffeur de femme en 1792.

(6) Témoin la fille B......e, ci-devant marchande de modes, etc. etc., actuellement relégués rue de Thionville, maison d'un marchand de vin, laquelle prodigue des caresses à J........u, qu'elle trompe tout comme les autres.

FIN.

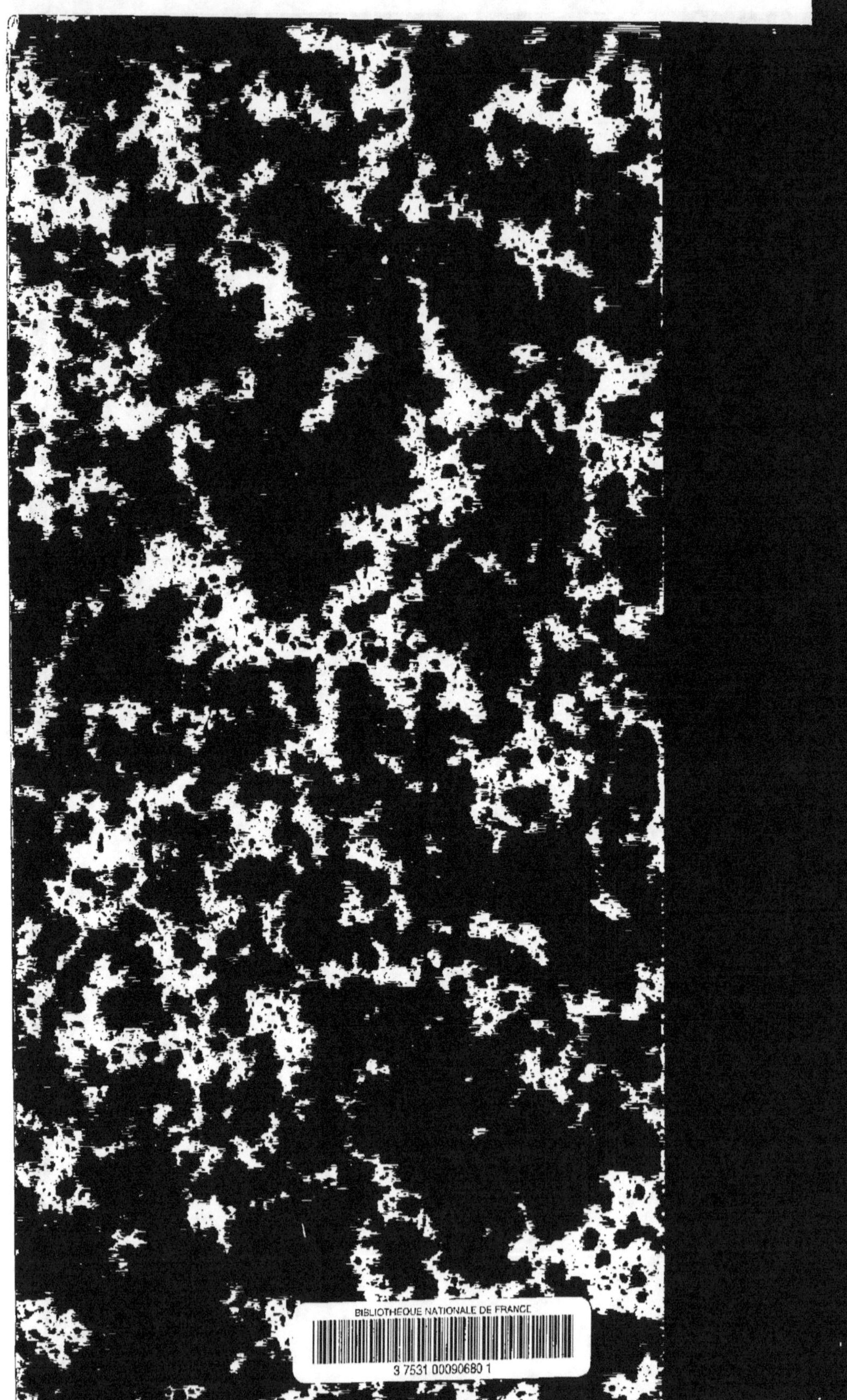